卞尺丹几乙乚丹卞と

Translated Language Learning

Y Tywysog Hyacinth a'r Dywysoges Fach Annwyl

Prince Hyacinth and the Dear Little Princess

Jeanne-Marie Leprince de Beaumont

Cymraeg / English

Copyright © 2023 Tranzlaty
All rights reserved
Published by Tranzlaty
ISBN: 978-1-83566-086-7
Original text by Jeanne-Marie Leprince de Beaumont
First published in French in 1756
Le Prince Desir et la Princesses Mignonne
Collected by Andrew Lang in the Blue Fairy Book
www.tranzlaty.com

Un tro, roedd brenin yn byw
Once upon a time there lived a king
Roedd y brenin hwn mewn cariad dwfn â thywysoges
this king was deeply in love with a princess
Ond doedd hi ddim yn gallu priodi neb
but she could not marry anyone
Oherwydd ei bod wedi ei swyno
because she had been enchanted
Felly aeth y brenin ati i geisio tylwyth teg
So the King set out to seek a fairy
gofynnodd sut y gallai ennill cariad y Dywysoges
he asked how he could win the Princess's love
Dywedodd y Tylwyth Teg wrtho, "Rydych chi'n gwybod bod gan y Dywysoges gath fawr."
The Fairy said to him, "You know that the Princess has a great cat"
"Mae hi'n hoff iawn o'r gath hon"
"she is very fond of this cat"
"Ac mae yna ddyn y mae hi i fod i briodi"
"and there is a man she is destined to marry"
"Pwy bynnag sy'n ddigon clyfar i droedio ar gynffon ei chat"
"Whoever is clever enough to tread on her cat's tail"
"Dyma'r dyn y bydd hi'n ei briodi"
"that is the man she will marry"

Diolchodd i'r tylwyth teg a gadawodd
he thanked the fairy and left
"Ni ddylai hyn fod mor anodd" meddyliodd y brenin wrtho'i hun
"this should not be so difficult" the king thought to himself
Byddai'n gwneud mwy na cham ar gynffon y gath
he would do more than step on the cat's tail
roedd yn benderfynol o falu cynffon y gath yn bowdr
he was determined to grind the cat's tail into powder
Yn fuan aeth i weld y Dywysoges
soon he went to see the Princess
Wrth gwrs ei fod yn wir eisiau gweld y gath
of course really he wanted to see the cat
Fel arfer, cerddodd y gath o gwmpas o'i flaen
as usual, the cat walked around in front of him
Saethodd ei gefn a miowed
he arched his back and miowed
Cymerodd y Brenin gam hir tuag at y gath

The King took a long step towards the cat
ac roedd yn meddwl bod ganddo'r gynffon o dan ei droed
and he thought he had the tail under his foot
Ond gwnaeth y gath symudiad sydyn
but the cat made a sudden move
a'r brenin yn sathru ar ddim ond awyr
and the king trod on nothing but air
Aeth ymlaen am wyth diwrnod
so it went on for eight days
Dechreuodd y Brenin feddwl bod y gath yn gwybod ei gynllun
the King began to think the cat knew his plan
Doedd ei gynffon byth yn llonydd am eiliad
his tail was never still for a moment

O'r diwedd, fodd ynnag, roedd y brenin mewn lwc
At last, however, the king was in luck
Roedd wedi dod o hyd i'r gath yn cysgu'n gyflym
he had found the cat fast asleep
a'i gynffon yn cael ei wasgaru'n gyfleus
and his tail was conveniently spread out
Ni chollodd y brenin unrhyw amser cyn iddo weithredu.
the king did not lose any time before he acted
a rhoddodd ei droed yn iawn ar gynffon y gath
and he put his foot right on the cat's tail
Gydag un yell wych fe wnaeth y gath bylchu i fyny
With one terrific yell the cat sprang up
Newidiodd y gath yn syth i fod yn ddyn tal

the cat instantly changed into a tall man
gosododd ei lygaid dig ar y brenin
he fixed his angry eyes upon the King
"Byddwch yn priodi'r dywysoges"
"You shall marry the Princess"
"Oherwydd eich bod wedi gallu torri'r hudoliaeth"
"because you have been able to break the enchantment"
"Ond bydda i'n dial arna i"
"but I will have my revenge"
'Byddwch yn cael mab'
"You shall have a son"
"Ond fyddi di ddim yn cael mab hapus"
"but you will not have a happy son"
"Yr unig ffordd y gall fod yn hapus yw os yw'n darganfod bod ei drwyn yn rhy hir"
"the only way he can be happy is if finds out that his nose is too long"
'Allwch chi ddim dweud wrth neb am hyn'
"but you can't tell anyone about this"
"Os dywedwch wrth unrhyw un, byddwch yn diflannu ar unwaith"
"if you tell anyone, you shall vanish away instantly"
Ni fydd neb yn eich gweld nac yn clywed amdanoch eto. "
"and no one shall ever see you or hear of you again"
Roedd y brenin yn ofni'r swynwr
the King was afraid of the enchanter
ond ni allai helpu chwerthin am y bygythiad hwn
but he could not help laughing at this threat

"Os oes gan fy mab drwyn mor hir, y mae'n sicr o'i weld."
"If my son has such a long nose, he is bound to see it"
'Os nad yw'n ddall,' meddai wrtho'i hun
"unless he is blind" he said to himself
Ond roedd y swynwr eisoes wedi diflannu
But the enchanter had already vanished
felly ni wastraffodd fwy o amser yn meddwl
so he did not waste any more time in thinking
yn lle hynny aeth i chwilio am y Dywysoges
instead he went to seek the Princess
ac yn fuan iawn cydsyniodd i'w briodi
and very soon she consented to marry him

Nid oedd gan y brenin lawer o'i briodas, ond
the king did not have much from his marriage, however
Nid oeddent wedi bod yn briod ers amser maith pan fu farw'r brenin
they had not been married long when the King died
ac nid oedd gan y Frenhines unrhyw beth ar ôl i ofalu amdano ond ei mab bach
and the Queen had nothing left to care for but her little son
galwodd ef Hyacinth
she had called him Hyacinth
Roedd gan y Tywysog bach lygaid mawr glas
The little Prince had large blue eyes
Nhw oedd y llygaid harddaf yn y byd

they were the prettiest eyes in the world
ac yr oedd ganddo enau bach melys
and he had a sweet little mouth
Ond, gwaetha'r modd! Roedd ei drwyn yn enfawr
but, alas! his nose was enormous
gorchuddiodd hanner ei wyneb
it covered half his face
Roedd y Frenhines yn anghysuradwy pan welodd ei drwyn mawr
The Queen was inconsolable when she saw his great nose
Ei merched yn ceisio cysuro'r Frenhines
her ladies tried to comfort the queen
"Nid yw mor fawr ag y mae'n ymddangos"
"it is not really as large as it looks"
"mae'n drwyn Rhufeinig clodwiw"
"it is an admirable Roman nose"
"Roedd gan yr holl arwyr mawr drwynau mawr"
"all the great heroes had large noses"
Cysegrwyd y Frenhines i'w babi
The Queen was devoted to her baby
Ac roedd hi'n falch o'r hyn a ddywedon nhw wrthi.
and she was pleased with what they told her
Edrychodd ar Hyacinth eto
she looked at Hyacinth again
ac nid oedd ei drwyn yn ymddangos mor fawr mwyach
and his nose didn't seem so large anymore
Magwyd y Tywysog gyda gofal mawr
The Prince was brought up with great care

Roedden nhw'n disgwyl iddo allu siarad
they waited for him to be able to speak
ac yna dechreuon nhw adrodd pob math o straeon iddo:
and then they started to tell him all sorts of stories:
"Peidiwch ag ymddiried mewn pobl â thrwynau byr"
"don't trust people with short noses"
"Trwynau mawr yn arwydd o gudd-wybodaeth"
"big noses are a sign of intelligence"
"Nid oes gan bobl fyrbwyll enaid"
"short nosed people don't have a soul"
Dywedon nhw unrhyw beth y gallen nhw feddwl amdano i ganmol ei drwyn mawr
they said anything they could think of to praise his big nose
dim ond y rhai â thrwynau tebyg oedd yn cael dod yn agos ato
only those with similar noses were allowed to come near him
Roedd y llyswyr hyd yn oed yn tynnu trwynau eu babanod eu hunain
the courtiers even pulled their own babies' noses
Roedden nhw'n meddwl y byddai hyn yn eu cael nhw o blaid y Frenhines
they thought this would get them into favour with the Queen
Ond doedd tynnu eu trwynau ddim yn helpu llawer
But pulling their noses didn't help much

Fyddai eu trwynau ddim yn tyfu mor fawr â'r tywysogion
their noses wouldn't grow as big as the prince's
Pan dyfodd yn synhwyrol dysgodd hanes
When he grew sensible he learned history
Dywedir am dywysogion mawr a thywysogesau hardd
great princes and beautiful princesses were spoken of
a'i athrawon bob amser yn gofalu i ddweud wrtho fod ganddynt drwynau hir
and his teachers always took care to tell him that they had long noses
Cafodd ei ystafell ei hongian gyda lluniau o bobl â thrwynau mawr iawn
His room was hung with pictures of people with very large noses
a thyfodd y Tywysog i fyny yn argyhoeddedig bod trwyn hir yn beth o harddwch
and the Prince grew up convinced that a long nose was a thing of beauty
Ni fyddai wedi hoffi cael trwyn byrrach
he would not have liked to have had a shorter nose

yn fuan byddai'r tywysog yn ugain
soon the prince would be twenty
felly roedd y Frenhines yn meddwl ei bod hi'n bryd priodi
so the Queen thought it was time that he got married
Daeth â sawl portread o'r tywysogesau iddo eu

gweld
she brought several portraits of the princesses for him to see
ac ymhlith y portreadau roedd llun o'r annwyl Dywysoges fach!
and among the portraits was a picture of the dear little Princess!
Dylid crybwyll ei bod yn ferch i frenin mawr
it should be mentioned that she was the daughter of a great king
ryw ddydd, byddai hi'n meddiannu nifer o deyrnasoedd ei hun
some day she would possess several kingdoms herself
Ond nid oedd y Tywysog Hyacinth yn meddwl cymaint am hyn
but Prince Hyacinth didn't think so much about this
Cafodd ei tharo yn bennaf oll gyda'i harddwch
he was most of all struck with her beauty
Fodd bynnag, roedd ganddi ychydig o drwyn botwm
however, she had a little button nose
ond hwn oedd y trwyn harddaf posibl
but it was was the prettiest nose possible
Roedd y llyswyr wedi mynd i arfer o chwerthin am drwynau bach
the courtiers had gotten into a habit of laughing at little noses
Roedd hi'n embaras iawn pan oedden nhw'n chwerthin ar drwyn y dywysoges

it was very embarrassing when they laughed at the princess' nose
Nid oedd y tywysog yn gwerthfawrogi hyn o gwbl
the prince did not appreciate this at all
methodd â gweld yr hiwmor ynddo
he failed to see the humour in it
Yn wir, fe wnaeth wahardd dau o'i lysgenhadon
in fact, he banished two of his courtiers
oherwydd eu bod yn sôn am drwyn bach y dywysoges
because they mentioned the princess' little nose
Cymerodd eraill hyn fel rhybudd
The others took this as a warning
Dysgon nhw feddwl ddwywaith cyn iddyn nhw siarad
they learned to think twice before they spoke
ac maent yn un hyd yn oed yn mynd cyn belled ag i ailddiffinio harddwch
and they one even went so far as to redefine beauty
"Nid yw dyn yn ddim heb drwyn braster mawr"
"a man is nothing without a big fat nose"
"Ond mae harddwch menyw yn wahanol iawn"
"but a woman's beauty is very different"

roedd yn adnabod dyn dysgedig a oedd yn deall Groeg
he knew a learned man who understood Greek
Mae'n debyg fod gan y Cleopatra hardd ei hun drwyn bach!
apparently the beautiful Cleopatra herself had a little

nose!

Rhoddodd y Tywysog anrheg braf iddo fel gwobr am y newyddion da
The Prince gave him a nice present as a reward for the good news
anfonodd lysgenhadon i'w chastell
he sent ambassadors to her castle
gofynasant i'r Dywysoges fach annwyl briodi y tywysog
they asked the dear little Princess to marry the prince
Rhoddodd y brenin, ei dad, ei gydsyniad
The King, her father, gave his consent
Aeth y Tywysog Hyacinth i gwrdd â hi ar unwaith
Prince Hyacinth immediately went to meet her
Dyrchafodd i gusanu ei llaw
he advanced to kiss her hand
ond yn sydyn roedd yna doriad o fwg
but suddenly there was a burst of smoke
Mae popeth a oedd yno yn synnu
all that were there gasped in astonishment
Roedd y swynwr wedi ymddangos mor sydyn â fflach o fellten
the enchanter had appeared as suddenly as a flash of lightning
cipiodd y Dywysoges fach annwyl
he snatched up the dear little Princess
a chwyrodd hi allan o'r golwg!
and he whirled her away out of sight!

wyd y Tywysog yn eithaf anghysuradwy
The Prince was left quite inconsolable
Ni allai unrhyw beth ei gymell i fynd yn ôl i'w deyrnas
nothing could induce him to go back to his kingdom
Roedd yn rhaid iddo ddod o hyd iddi eto
he had to find her again
ond gwrthododd ganiatáu i unrhyw un o'i weision ei ddilyn
but he refused to allow any of his courtiers to follow him
marchogodd ei geffyl a marchogodd yn drist

he mounted his horse and rode sadly away
a gadael i'r anifail ddewis pa lwybr i'w gymryd
and he let the animal choose which path to take

marchogodd yr holl ffordd i ddyffryn mawr
he rode all the way to a great valley
Cerddodd ar ei draws drwy'r dydd
he rode across it all day long
a thrwy'r dydd ni welodd efe dŷ sengl
and all day he didn't see a single house
Roedd y ceffyl a'r marchog yn llwglyd ofnadwy
the horse and rider were terribly hungry
wrth i'r nos syrthio, daliodd y Tywysog olwg ar olau
as the night fell, the Prince caught sight of a light
Roedd yn ymddangos ei fod yn disgleirio o ogofäwr
it seemed to shine from a cavern
Marchogodd i'r golau
He rode up to the light
Yno gwelodd hen wraig fach
there he saw a little old woman
Roedd hi'n ymddangos o leiaf 100 mlwydd oed
she appeared to be at least a hundred years old
Gwisgodd ei sbectol i edrych ar y Tywysog Hyacinth
She put on her spectacles to look at Prince Hyacinth
Roedd hi'n amser hir cyn iddi allu sicrhau ei sbectol
it was quite a long time before she could secure her

spectacles
Oherwydd bod ei thrwyn yn fyr iawn!
because her nose was very short!
Felly pan welsant ei gilydd, fe wnaethon nhw fyrstio i chwerthin
so when they saw each other they burst into laughter
"O, am drwyn doniol!" medden nhw ar yr un pryd
"Oh, what a funny nose!" they exclaimed at the same time
"Dyw e ddim mor ddoniol â'ch trwyn" meddai'r Tywysog Hyacinth wrth y Tylwyth Teg
"it's not as funny as your nose" said Prince Hyacinth to the Fairy
(Oherwydd bod tylwyth teg yr hyn oedd hi)
(because a fairy is what she was)
"Madam, rwy'n erfyn arnoch i adael ystyriaeth ein trwynau"
"madam, I beg you to leave the consideration of our noses"
"Er bod eich trwyn yn ddoniol iawn"
"even though your nose is very funny"
"Byddwch yn ddigon da i roi rhywbeth i mi i'w fwyta"
"be good enough to give me something to eat"
"Roeddwn i'n beicio trwy'r dydd ac yn llwgu"
"I had ridden all day and I am starving"
"Ac mae fy ngheffyl druan yn llwgu hefyd"
"and my poor horse is starving too"
Atebodd y tylwyth teg i'r tywysog
the fairy replied to the prince

"Mae eich trwyn yn wironeddol hurt"
"your nose really is very ridiculous"
"Rydych yn fab i fy ffrind gorau"
"but you are the son of my best friend"
"Roeddwn i wrth fy modd â'ch tad fel pe bai wedi bod yn frawd i mi"
"I loved your father as if he had been my brother"
"Roedd gan dy dad drwyn golygus iawn!"
"your father had a very handsome nose!"
Roedd y tywysog yn cael ei gystuddio at yr hyn a ddywedodd y tylwyth teg
the prince was baffled at what the fairy said
"Beth sydd heb fy nhrwyn i?"
"what does my nose lack?"
"O! nid oes ganddo ddim byd" atebodd y Tylwyth Teg
"Oh! it doesn't lack anything" replied the Fairy
I'r gwrthwyneb!
"On the contrary!"
"Mae gormod o'ch trwyn!"
"there is too much of your nose!"
"Ond peidiwch byth â meddwl am y trwynau"
"But never mind about noses"
"Gall un fod yn ddyn teilwng iawn er bod eich trwyn yn rhy hir"
"one can be a very worthy man despite your nose being too long"
"Dywedais wrthych fy mod yn gyfaill i'ch tad"
"I was telling you that I was your father's friend"
"Roedd e'n dod i fy ngweld i'n aml yn yr hen

amseroedd"
"he often came to see me in the old times"
"Mae'n rhaid i chi wybod fy mod i'n dda iawn yn y dyddiau hynny"
"and you must know that I was very pretty in those days"
"O leiaf, roedd yn dweud hynny"
"at least, he used to say so"
"Y tro diwethaf i mi ei weld oedd sgwrs a gawsom"
"the last time I saw him there was a conversation we had"
"Hoffwn ddweud wrthych am y sgwrs hon"
"I would like to tell you of this conversation"
"Byddwn i wrth fy modd yn clywed hynny" meddai'r Tywysog
"I would love to hear it" said the Prince
"Gadewch i ni fwyta'n gyntaf"
"but let us please eat first"
"Dw i ddim wedi bwyta dim drwy'r dydd"
"I have not eaten anything all day"
"Mae'r bachgen tlawd yn iawn" meddai'r Tylwyth Teg
"The poor boy is right" said the Fairy
"Dewch i mewn, a byddaf yn rhoi rhywfaint o swper i chi"
"Come in, and I will give you some supper"
"Tra byddwch chi'n bwyta, gallaf ddweud fy stori wrthych"
"while you are eating I can tell you my story"
"Mae'n stori o ychydig iawn o eiriau"

"it is a story of very few words"
"Dydw i ddim yn hoffi straeon sy'n mynd ymlaen am byth"
"because I don't like stories that go on for ever"
"Rhy hir mae tafod yn waeth na thrwyn rhy hir"
"Too long a tongue is worse than too long a nose"
"pan oeddwn i'n ifanc cefais fy edmygu am beidio â bod yn chatterer gwych"
"when I was young I was admired for not being a great chatterer"
"Roedden nhw'n arfer dweud wrth y Frenhines, fy mam, ei bod hi mor."
"They used to tell the Queen, my mother, that it was so"
'Dach chi'n gweld beth ydw i nawr'
"you see what I am now"
"Ond roeddwn i'n ferch i frenin mawr"
"but I was the daughter of a great king"
Fy nhad ...'
My father..."
"Cafodd dy dad rywbeth i'w fwyta pan oedd eisiau bwyd!" meddai'r Tywysog
"Your father got something to eat when he was hungry!" interrupted the Prince
"O! "Yn sicr" atebodd y Tylwyth Teg
"Oh! certainly" answered the Fairy
"A bydd gennych hefyd ginio"
"and you also shall have supper too"
"Roeddwn i eisiau dweud wrthych chi ... parhaodd
"I just wanted to tell you..." she continued

"Alla i ddim gwrando nes bod gen i rywbeth i'w fwyta"
"But I really cannot listen until I have had something to eat"
Roedd y Tywysog yn ddig iawn
the Prince was getting quite angry
Ond cofiodd ei fod yn well bod yn gwrtais
but he remembered he had better be polite
Roedd wir angen help y Tylwyth Teg
he really needed the Fairy's help
"Yn y pleser o wrando arnoch efallai y byddaf yn anghofio fy newyn fy hun"
"in the pleasure of listening to you I might forget my own hunger"
"Ond ni all fy ceffyl eich deall"
"but my horse cannot understand you"
"Mae'n rhaid cael bwyd!"
"he must have some food!"
Roedd y Tylwyth Teg yn cael ei chwennych yn fawr gan y ganmoliaeth hon
The Fairy was very much flattered by this compliment
A hi a alwodd ar ei gweision
and she called to her servants
'Fyddi di ddim yn disgwyl munud arall'
"You shall not wait another minute"
"Rydych chi wir yn gwrtais iawn"
"you really are very polite"
"Ac er gwaethaf maint enfawr eich trwyn rydych chi'n neis iawn"

"and in spite of the enormous size of your nose you are really very nice"
'Melltithia'r hen wraig!' meddai'r Tywysog wrtho'i hun
"curse the old lady!" said the Prince to himself
"Fydd hi ddim yn stopio mynd ymlaen o gwmpas fy nhrwyn i!"
"she won't stop going on about my nose!"
"Mae fel petai fy nhrwyn wedi cymryd yr holl hyd nad oedd ei thrwyn yn brin!"
"it's as if my nose had taken all the length her nose lacks!"
"Pe na bawn i mor newynog byddwn yn gadael y chatterpie hwn."
"If I were not so hungry I would leave this chatterpie"
"Mae hi hyd yn oed yn meddwl ei bod hi'n siarad ychydig iawn!"
"she even thinks she talks very little!"
"Pam mae pobl yn gallu dwad i beidio gweld eu beiau eu hunain!"
"why can stupid people not to see their own faults!"
"Dyna beth sy'n digwydd pan fyddwch chi'n dywysoges"
"That is what happens when you are a princess"
"Mae hi wedi cael ei difetha gan fflatwyr"
"she has been spoiled by flatterers"
"Maen nhw wedi gwneud iddi gredu ei bod hi'n siaradwraig gymedrol!"
"they have made her believe that she is a moderate

talker!"

Yn y cyfamser, roedd y gweision yn rhoi'r swper ar y bwrdd
Meanwhile, the servants were putting the supper on the table
Gofynnodd y tylwyth teg iddynt fil o gwestiynau
the fairy asked them a thousand questions
Canfu'r tywysog hyn yn ddoniol iawn
the prince found this very amusing
Oherwydd ei bod hi eisiau clywed ei hun yn siarad
because really she just wanted to hear herself speak
Yr oedd un forwyn y tywysog yn arbennig o sylwi arno
there was one maid the prince especially noticed
Roedd hi bob amser yn dod o hyd i ffordd i ganmol doethineb ei meistres
she always found a way to praise her mistress's wisdom
Wrth iddo fwyta ei swper, meddyliodd, "Rwy'n falch iawn fy mod wedi dod yma"
as he ate his supper he thought, "I'm very glad I came here"
"Mae hyn yn dangos i mi pa mor synhwyrol ydw i wedi bod"
"This shows me how sensible I have been"
"Dydw i erioed wedi gwrando ar fflatwyr"
"I have never listened to flatterers"
"Mae pobl o'r math yna yn ein canmol i'n hwynebau heb gywilydd"

"People of that sort praise us to our faces without shame"
"Maen nhw'n cuddio ein beiau"
"and they hide our faults"
"neu maen nhw'n newid ein gwendidau yn rinweddau"
"or they change our faults into virtues"
"Fydda i byth yn credu pobl sy'n fy mhoeni"
"I will never believe people who flatter me"
"Rwy'n gwybod fy namau fy hun, rwy'n gobeithio"
"I know my own defects, I hope"
Roedd y Tywysog Hyacinth druan wir yn credu'r hyn a ddywedodd
Poor Prince Hyacinth really believed what he said
Nid oedd yn gwybod bod y bobl yn chwerthin am ei ben.
he didn't know that the people laughed at him
A hwy a ganmolasant ei drwyn pan oeddynt gydag ef.
they praised his nose when they were with him
Ond pan nad oedd yno, fe wnaethant wawdio ei drwyn
but when he wasn't there, they mocked his nose
ac roedd morwyn y Tylwyth Teg yn chwerthin arni yr un ffordd
and the Fairy's maid were laughing at her the same way
roedd y Tywysog wedi gweld un o'r morynion yn chwerthin yn slydan
the Prince had seen one of the maids laugh slyly

roedd hi'n meddwl y gallai wneud hynny heb i'r Tylwyth Teg sylwi arni
she thought she could do so without the Fairy noticing her
Fodd bynnag, ni ddywedodd unrhyw beth
However, he said nothing
Ac roedd ei newyn yn dechrau cael ei ddychryn
and his hunger was beginning to be appeased
cyn bo hir dechreuodd y tylwyth teg siarad eto
soon the fairy started speaking again
"Fy Annwyl Dywysog, a fyddech chi'n symud ychydig yn fwy y ffordd honno"
"My dear Prince, would you please move a little more that way"
"Mae eich trwyn yn taflu cysgod hir iawn"
"your nose casts a very long shadow"
"Alla i ddim gweld beth sydd gen i ar fy mlog"
"I really cannot see what I have on my plate"

Roedd y tywysog yn falch o orfodi'r tylwyth teg
the prince proudly obliged the fairy
"Yn awr, gadewch inni siarad am eich tad"
"Now let us speak of your father"
"Pan es i i'w lys, dim ond dyn ifanc oedd e"
"When I went to his Court he was only a young man"
"Ond roedd hynny rai blynyddoedd yn ôl"
"but that was some years ago"
"Rydw i wedi bod yn y lle anial hwn ers hynny"
"I have been in this desolate place ever since"
"Dywedwch wrthyf beth sy'n digwydd heddiw"
"Tell me what goes on nowadays"
"A yw'r merched mor hoff o ddifyrrwch ag erioed?"
"are the ladies as fond of amusement as ever?"
"Yn fy amser i'n gweld nhw mewn partïon bob dydd"
"In my time I saw them at parties every day"
"Penblwydd Hapus i mi! Pa liw hir sydd gennych!"
"Goodness me! what a long nose you have!"
"Alla i ddim dod i arfer ag ef!"
"I cannot get used to it!"
"Os gwelwch yn dda, madam" meddai'r Tywysog
"Please, madam" said the Prince
"Rwy'n dymuno y byddech chi'n ymatal rhag sôn am fy nhrwyn "
"I wish you would refrain from mentioning my nose"
"Ni all fod o bwys i chi sut beth ydyw"
"It cannot matter to you what it is like"

"Rwy'n fodlon iawn â hynny"
"I am quite satisfied with it"
"A does gen i ddim eisiau cael trwyn byrrach"
"and I have no wish to have a shorter nose"
'Rhaid cymryd yr hyn a roddir un'
"One must take what one is given"
"Nawr rydych chi'n ddig gyda mi, fy Hyacinth druan," meddai'r Tylwyth Teg
"Now you are angry with me, my poor Hyacinth" said the Fairy
"Rwy'n eich sicrhau nad oeddwn yn bwriadu eich brawychu"
"I assure you that I didn't mean to vex you"
i'r gwrthwyneb; Rwyf am wneud gwasanaeth i chi."
"it is on the contrary; I wished to do you a service"
"Ni allaf helpu eich trwyn i fod yn sioc i mi"
"I cannot help your nose being a shock to me"
"Byddaf yn ceisio peidio â dweud dim am y peth"
"so I will try not to say anything about it"
"Byddaf hyd yn oed yn ceisio meddwl bod gennych drwyn cyffredin"
"I will even try to think that you have an ordinary nose"
'Ond mae'n rhaid i mi ddweud y gwir wrthych'
"but I must tell you the truth"
"Fe allech chi wneud tri thrwyn rhesymol allan o'ch trwyn"
"you could make three reasonable noses out of your nose"
Nid oedd y Tywysog yn llwglyd mwyach

The Prince was no longer hungry
roedd wedi tyfu'n ddiamynedd yn sylwadau parhaus y Tylwyth Teg am ei drwyn
he had grown impatient at the Fairy's continual remarks about his nose
O'r diwedd fe neidiodd yn ôl ar ei cheffyl
finally he jumped back upon his horse
Ac efe a farchogodd ar frys i ffwrdd
and he rode hastily away
Ond lle bynnag y daeth yn ei daith roedd yn meddwl bod y bobl yn wallgof
But wherever he came in his journey he thought the people were mad
oherwydd yr oeddent i gyd yn siarad am ei drwyn
because they all talked of his nose
ac eto ni allai ddod â'i hun i gyfaddef ei bod yn rhy hir
and yet he could not bring himself to admit that it was too long
Roedd bob amser yn cael ei alw'n olygus
he was used to always being called handsome

Dymunai'r hen Tylwyth Teg wneud y tywysog yn hapus
The old Fairy wished to make the prince happy
ac o'r diwedd penderfynodd ar gynllun addas
and at last she decided on a suitable plan
Mae hi wedi adeiladu palas wedi'i wneud o grisial
she built a palace made of crystal
a hi a gaeodd y Dywysoges fach annwyl i fyny yn y

palas
and she shut the dear little Princess up in the palace
a hi a roddodd y palas hwn lle na fyddai'r Tywysog yn methu dod o hyd iddo
and she put this palace where the Prince would not fail to find it
Roedd ei lawenydd o weld y Dywysoges eto yn eithafol
His joy at seeing the Princess again was extreme
ac aeth ati i weithio gyda'i holl rym i geisio torri ei charchar
and he set to work with all his might to try to break her prison
ond er gwaethaf ei holl ymdrechion fe fethodd
but in spite of all his efforts he failed
Roedd yn anobeithio am ei sefyllfa
he despaired at his situation
ond efallai y gallai o leiaf siarad â'r annwyl Dywysoges fach
but perhaps he could at least speak to the dear little Princess
Yn y cyfamser estynnodd y dywysoges ei llaw
meanwhile the princess stretched out her hand
gafaelodd yn ei llaw er mwyn iddo gusanu ei llaw
she held her hand out so that he could kiss her hand
Trodd ei wefusau i bob cyfeiriad
he turned his lips in every direction
Ond ni lwyddodd erioed i gusanu llaw y dywysoges
but he never managed to kiss the princess' hand

oherwydd bod ei drwyn hir bob amser yn ei atal
because his long nose always prevented it
Am y tro cyntaf, sylweddolodd pa mor hir oedd ei drwyn mewn gwirionedd.
For the first time he realized how long his nose really was
"Wel, rhaid cyfaddef bod fy nhrwyn yn rhy hir!"
"well, it must be admitted that my nose is too long!"
Mewn eiliad fe hedfanodd y carchar grisial i mewn i fil o splinters
In an instant the crystal prison flew into a thousand splinters
a chymerai'r hen Tylwyth Teg y Dywysoges fach annwyl â llaw
and the old Fairy took the dear little Princess by the hand
"Efallai y byddwch yn anghytuno â mi os ydych yn dymuno"
"you may disagree with me, if you like"
"Doedd o ddim yn gwneud llawer o dda i mi siarad am dy drwyn!"
"it did not do much good for me to talk about your nose!"
"Roeddwn i'n gallu siarad am eich trwyn am ddyddiau"
"I could have talked about your nose for days"
"Fyddech chi byth wedi darganfod pa mor anhygoel oedd hi"
"you would never have found out how extraordinary it was"

"Ond yna fe'ch rhwystrodd rhag gwneud yr hyn yr oeddech chi ei eisiau"
"but then it hindered you from doing what you wanted to"

"Rydych chi'n gweld sut mae hunangariad yn ein cadw ni rhag gwybod ein diffygion ein hunain"
"You see how self-love keeps us from knowing our own defects"

'Gwendidau'r meddwl a'r corff'
"the defects of the mind, and body"

"Mae ein rhesymu yn ceisio yn ofer i ddangos ein diffygion i ni"
"Our reasoning tries in vain to show us our defects"

"Ond rydym yn gwrthod gweld ein gwendidau"
"but we refuse to see our flaws"

"Dim ond pan fyddan nhw'n mynd ar y ffordd rydyn ni'n eu gweld"
"we only see them when they get in the way"

Nawr roedd trwyn y Tywysog Hyacinth yn union fel pawb arall
now Prince Hyacinth's nose was just like everyone else's

ni fethodd ag elwa gan y wers a gafodd
he did not fail to profit by the lesson he had received

Priododd y dywysoges fach annwyl
He married the dear little princess

a buon nhw'n byw'n hapus byth ar ôl
and they lived happily ever after

Y diwedd - The End
www.tranzlaty.com

www.ingramcontent.com/pod-product-compliance
Lightning Source LLC
Chambersburg PA
CBHW011955090526
44591CB00020B/2780